CHOIX DE CANTIQUES

A L'USAGE

DES CIVILS ET DES MILITAIRES.

Et conversi (milites) hymnum cane- bant, et benedicebant Deum. (1 Mach., 4, 24.)	Au retour de leur expédition, les soldats de Judas Machabée chantaient une hymne, et bénissaient Dieu.

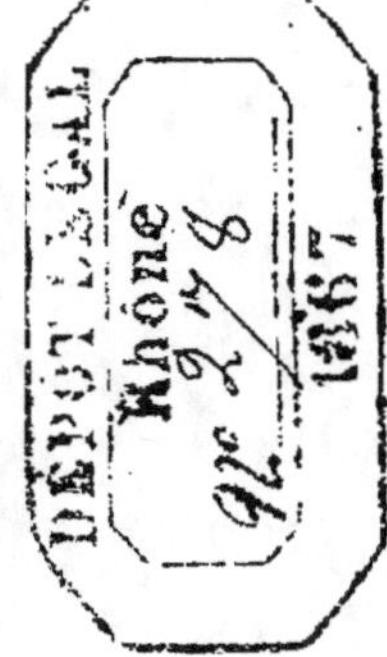

Invocation au Saint-Esprit

Esprit saint, descendez en nous,   (bis.)
Embrasez notre cœur de vos feux les plus doux. (bis.)

Le noir enfer, pour nous livrer la guerre,
Se réunit au monde séducteur :
Tout est pour nous embûche sur la terre ;
Soyez, soyez notre libérateur. (bis.)

Enseignez-nous la divine sagesse :
Seule elle peut nous conduire au bonheur.
Dans ses sentiers soutenez la vieillesse ;
Que la jeunesse y marche avec ardeur.   (bis.)

La Bannière de Jésus.

Refrain.   Armons-nous, la voix du Seigneur,
Chrétiens, au combat nous appelle.
Ah ! voyez, voyez qu'elle est belle
La palme promise au vainqueur !
Elle est si noble, elle est si belle,   } *bis.*
La palme promise au vainqueur !

1.   Tout le cours de notre existence
N'est qu'un long et rude combat ;
L'âme forte que rien n'abat
Seule obtiendra la récompense.

2.   Des sens la voix enchanteresse
Veut égarer notre raison :
Leurs délices sont un poison,
Et la mort suit de près l'ivresse.

3.   Du démon la voix menaçante
Rugit sans cesse autour de nous :
Le chrétien méprise ses coups,
Il rit de sa rage impuissante.

4.   Que craignez-vous? Jésus vous guide,
Rangez-vous sous son étendard ;

Que l'ennemi lance son dard,
Vous avez l'invincible égide.

5.   Eh quoi ! n'est-ce pas la bannière,
Qui rendit vainqueurs, triomphants
De l'or, des fureurs des tyrans,
Les martyrs de l'Eglise entière ?

6.   Courage, milice chérie !
Courage jusques à la mort !
Courage ! vous touchez au port ;
Bientôt vous verrez la patrie.

La Gloire et les Grandeurs de Marie.

1.   Unis aux concerts des anges,
Aimable Reine des cieux,
Nous célébrons tes louanges
Par nos chants mélodieux.

Chœur. De Marie,
Qu'on publie
Et la gloire et les grandeurs ;
Qu'on l'honore,
Qu'on l'implore,
Qu'elle règne sur nos cœurs.

2.   Auprès d'elle la nature
Est sans grâce, sans beauté ;
Les cieux perdent leur parure,
L'astre du jour sa clarté.

3.   C'est le lis de la vallée
Dont le parfum précieux
Sur la terre désolée
Attira le Roi des cieux.

4.   C'est l'auguste sanctuaire
Que le Dieu de majesté
Inonda de sa lumière,
Embellit de sa beauté.

5.   C'est la vierge incomparable,
Gloire et salut d'Israël,
Qui pour un monde coupable
Fléchit le courroux du Ciel.

6.   Pour tout dire : c'est MARIE...
Dans ce nom que de douceur !
Nom d'une mère chérie,
Nom, doux espoir du pécheur.

7.   Ah ! vous seuls pouvez nous dire,
Mortels, qui l'avez goûté,

Combien doux est son empire,
Combien grande est sa bonté.

8.   Qui jamais de la détresse
Lui fit entendre le cri,
Et n'obtint de sa tendresse
Pendant l'orage un abri ?

9.   Vous qui d'un monde perfide
Craignez les puissants appâts,
Si Marie est votre égide,
Non, vous ne périrez pas.

10.   En vain l'enfer en furie
Frémirait autour de vous,
Si vous invoquez Marie :
Vous braverez son courroux.

11.   Oui, je veux, ô tendre Mère !
Jusqu'à mon dernier soupir,
T'aimer, te servir, te plaire,
Et pour toi vivre et mourir.

Le nom de Marie.

Refrain. C'est le nom de Marie
Qu'on célèbre en ce jour.
Ô famille chérie,
Chantez ce chant d'amour.

1. C'est le nom d'une mère,
Chantez, heureux enfants ;
Unissez, pour lui plaire,
Et vos cœurs et vos chants.   C'est le.

2. C'est un nom de puissance,
Un nom plein de douceur ;
Mais toujours sa clémence
Surpasse sa grandeur.   C'est le.

3. C'est un nom de victoire :
Il dompte les enfers ;
Il nous donne la gloire
De briser tous nos fers.   C'est le.

4. C'est un nom d'espérance
Au pécheur repentant,
Un gage d'innocence
Au cœur juste et fervent.   C'est le.

5. Il n'est rien de plus tendre,
Il n'est rien de plus fort :
Le ciel aime à l'entendre,
Pour l'enfer c'est la mort.   C'est le.

6. Que le nom de ma Mère,
   Au dernier de mes jours,
   Soit toute ma prière ;
   Qu'il soit tout mon secours. C'est le.

Hommage au cœur de Marie.

1. Cœur sacré de Marie,
   Cœur tout brûlant d'amour,
   Cœur que la terre envie
   Au céleste séjour,
   Communique à nos âmes
   Un rayon de ce feu,
   De ces heureuses flammes
   Dont tu brûlas pour Dieu.

2. Sanctuaire ineffable
   Où reposa Jésus,
   O source intarissable
   De toutes les vertus,
   Percé sur le Calvaire
   D'un glaive de douleurs,
   A ton amour la terre
   N'oppose que froideurs.

3. Cœur tendre, cœur aimable,
   Du pécheur le secours,
   Sa malice exécrable
   Te perce tous les jours.
   Ah ! puissent nos hommages
   Ici-bas expier
   Tant de sanglants outrages
   Qu'on te fait essuyer !

4. Montre-toi notre mère ;
   De tes enfants chéris
   Reçois l'humble prière
   Pour l'offrir à ton Fils.
   Conduis-nous sous ton aile
   Jusqu'au cœur de Jésus :
   Une mère peut-elle
   Essuyer un refus ?

L'Enfant de Marie.

Chœur. Bonne Marie,
   Mère chérie,
Quoi ! vous m'appelez votre enfant !
   Bonne Marie,
   Mère chérie,
Je le suis, j'en fais le serment.

1. J'entends une voix attendrie
   Me dire au cœur à chaque instant :
   Mon fils, seras-tu de Marie,
   Pour toujours seras-tu l'enfants?   Bonne.

2. Pour toi mon amour est sincère ;
   Pour moi le lien l'est-il autant ?
   Moi, je t'aime comme une mère ;
   Toi, m'aimes-tu comme un enfant?   Bonne.

3. Si l'affreux péché te convie
   A transgresser ce doux serment,
   Réponds-lui : Je suis à Marie ;
   A jamais je suis son enfant.   Bonne.

4. Et quand un jour à la lumière
   Se fermera ton œil mourant,
   Ne crains pas que ta bonne Mère
   Abandonne alors son enfant.   Bonne.

5. Conduit par moi dans la patrie
   Où l'éternel bonheur t'attend,
   Tu t'écrîras : Bonne mère,
   Qu'il est doux d'être votre enfant !   Bonne.

Le Soldat à la Vierge Marie.

1. J'ai dû quitter ma paisible chaumière ;
   A mes parents j'ai dit un long adieu :
   Sur le soldat séparé de sa mère
   Veillez toujours, Vierge, Mère de Dieu.   (*bis.*)

       Chœur. Vierge Marie,
           Priez pour nous ;
         Mère, Mère chérie,   } (*bis.*)
       Votre amour est si doux !

2. Vous le savez, dès ma plus tendre enfance,
   On m'apprenait à bénir votre nom ;
   Ce souvenir, tout rempli d'espérance,
   M'est un garant d'amour et de pardon.   (*bis.*)

3. L'impiété, conduite par le vice,
   M'attaquera sans doute en mon chemin :
   Mais votre amour, aimable protectrice,
   Me défendra contre son noir venin.   (*bis.*)

4. Je suis soldat, je suis Français, ma Mère ;
   Jamais l'effroi n'a fait battre mon cœur ;
   Mais s'il s'agit, Vierge de vous déplaire,
   Priez pour nous, bonne Mère, j'ai peur.   (*bis.*)

Bonheur de servir Marie.

1.   Heureux qui, dès le premier âge,
      Honorant la Reine des cieux,
      Fuit les dons qu'un monde volage
      Etale avec pompe à ses yeux !

           Refrain.
      Etre enfant de Marie, (*bis.*)
   C'est le sort le plus beau, le plus digne d'envie. (*bis.*)

2.   Qu'on est heureux sous son empire !
      Qu'un cœur pur y trouve d'attraits !
      Tout y ressent, tout y respire
      L'amour, l'innocence et la paix.

3.   Mondain, ta grandeur tout entière
      S'anéantit dans le tombeau ;
      L'instant où finit la carrière
      Du juste est l'instant le plus beau.

4. La paix règne sur son visage,
Son cœur est embrasé d'amour ;
Sa vie a coulé sans nuage,
Sa mort est le soir d'un beau jour.

5. Comme un rocher, qui d'âge en âge
Battu par les flots agités,
Brave les fureurs de l'orage,
Et l'effort des vents irrités ;

6. Le vrai serviteur de Marie,
Sûr à jamais de son appui,
Brave l'impuissante furie
De l'enfer armé contre lui.

7. Mais l'éclat d'un monde volage
Séduit-il nos faibles esprits,
Elle dédaigne notre hommage
Et le repousse avec mépris.

8. Dès lors que notre âme est charmée
Des biens fragiles et mortels,
Notre encens n'est qu'une fumée
Qui déshonnore ses autels.

9. Comment, avec un cœur profane,
Le pécheur, malgré ses forfaits,
De la vertu qui le condamne
Ose-t-il chanter les attraits ?

10. Dans son âme impure et flétrie
Nourrissant un feu criminel,
Comment ose-t-il à Marie
Jurer un amour éternel ?

11. Régnez, Vierge sainte, en notre âme
Vous y ferez régner la paix ;
Gravez dans nous en traits de flamme
Le souvenir de vos bienfaits.

12. Mettez à l'ombre de vos ailes
Ces cœurs qui vous sont consacrés ;
Vers les demeures éternelles
Guidez nos pas mal assurés.

Le souvenir de la première Communion.

1. Te souviens-tu du beau jour de ta vie,
Où tu reçus pour la première fois
Ce pain du ciel, que l'ange nous envie,
Ce même Dieu mort pour nous sur la croix ?
Ton front brillait des grâces du jeune âge ;
De beaux habits on t'avait revêtu ;
C'était alors grande fête au village.
Dis-moi, chrétien, dis-moi, t'en souviens-tu ?   } (bis.)

2.   Te souviens-tu de la paix enivrante
Que tu goûtais en ce jour fortuné?
Quels plaisirs purs dans ton âme innocente!
En se donnant, Dieu t'avait tout donné.
Tu possédais le bonheur véritable ;
Le ciel était dans ton cœur descendu.
Que du Seigneur le joug était aimable !
Dis-moi, chrétien, dis-moi, t'en souviens-tu?   *(bis.)*

3.   Te souviens-tu de la sainte promesse,
Par toi jurée à la face du ciel,
D'être à Jésus, de combattre sans cesse
Sous les drapeaux de ce Chef immortel ?
Te souviens-tu qu'à la Vierge Marie,
Pour te garder contre Satan vaincu,
En ce grand jour tu consacras ta vie?
Dis-moi, chrétien, dis-moi, t'en souviens-tu?   *(bis.)*

4.   Je m'en souviens!... je sens couler mes larmes:
J'ai violé mes saints engagements.
Monde trompeur, tu me vantais tes charmes !
Tes vains plaisirs n'engendrent que tourments.
Ah ! je reviens sous la sainte bannière,
Où l'âme goûte une si douce paix.
Jésus, mon Roi, Marie, ô tendre mère,
Je suis à vous, cette fois, pour jamais.   *(bis.)*

5.   Brave chrétien, reste toujours fidèle
A l'étendard, à la croix de Jésus,
Afin qu'au jour de la vie éternelle
Tu sois admis au banquet des élus.
Qu'il sera beau l'instant où Dieu lui-même
T'accordera le bonheur qui t'est dû,
En te disant dans sa bonté suprême :
« Je l'ai promis, chrétien, t'en souviens-tu? »   *(bis.)*

Récompense de la Vertu.

1.   Le ciel en est le prix !
Que ces mots sont sublimes !
Des plus belles maximes
Voilà tout le précis.:
Le ciel *(ter)* en est le prix. *(bis.)*

2.   Le ciel en est le prix !
Mon âme, prends courage.
Ah ! si dans l'esclavage
Ici-bas tu gémis,
Le ciel *(ter)* en est le prix. *(bis.)*

3.   Le ciel en est le prix !
Amusement frivole,
De grand cœur je t'immole

Au pied du crucifix :
Le ciel (*ter*) en est le prix. (*bis.*)

4. Le ciel en est le prix !
La loi demande-t-elle
Fût-ce une bagatelle,
N'importe, j'obéis :
Le ciel (*ter*) en est le prix. (*bis.*)

5. Le ciel en est le prix !
Endurons cette injure ;
L'amour-propre en murmure ;
Mais tout bas je lui dis :
Le ciel (*ter*) en est le prix. (*bis.*)

6. Le ciel en est le prix !
Dans l'éternel empire,
Qu'il sera doux de dire :
Tous mes maux sont finis !
Le ciel (*ter*) en est le prix. (*bis.*)

Avantages de la ferveur.

1. Goûtez, âmes ferventes,
Goûtez votre bonheur ;
Mais demeurez constantes
Dans votre sainte ardeur.

Refrain.

Heureux le cœur fidèle
Où règne la ferveur ;
On possède avec elle
Tous les dons du Seigneur. (*bis*)

2. Elle est le vrai partage
Et le sceau des élus ;
Elle est l'appui, le gage
Et l'âme des vertus.

3. Par elle la foi vive
S'allume dans les cœurs,
Et sa lumière active
Guide et règle nos mœurs.

4. Par elle l'espérance
Ranime nos soupirs,
Et croit jouir d'avance
Des célestes plaisirs.

5. Par elle dans les âmes
S'accroît de jour en jour
L'activité des flammes
Du pur et saint amour.

6. C'est sa vertu puissante
Qui garantit nos sens
De l'amorce attrayante
Des plaisirs séduisants.

7. C'est sous sa vigilance
Que l'esprit et le cœur
Conservent l'innocence
Et l'aimable pudeur.

8. C'est elle qui de l'âme
Dévoile la grandeur,
Et le zèle s'enflamme
Par sa brûlante ardeur.

9. De l'âme pénitente
Elle adoucit les pleurs,
Et de l'âme souffrante
Elle éteint les douleurs.

10. Une larme sincère,
Un seul soupir du cœur,
Par elle a de quoi plaire
Aux yeux purs du Seigneur.

11. C'est elle qui prépare
Tous ces traits de beauté,
Dont la main de Dieu pare
Les saints dans sa clarté.

12. Sous ses heureux auspices,
On goûte les bienfaits,
Les charmes, les délices
De la plus douce paix.

13. Mais sans sa vive flamme
Tout déplait, tout languit,
Et la beauté de l'âme
Se fane et dépérit.

Vanité des choses de ce monde.

1. Tout n'est que vanité,
Mensonge, fragilité,
Dans tous ces objets divers
Qu'offre à nos regards l'univers.
Tous ces brillants dehors,
Cette pompe,
Ces biens, ces trésors,
Tout nous trompe,
Tout nous éblouit;
Mais tout nous échappe et s'enfuit.

2. En vain, pour être heureux,
Le jeune voluptueux
Se plonge dans les douceurs
Qu'offrent les mondains séducteurs:
Plus il suit les plaisirs
Qui l'enchantent,
Et moins ses désirs
Se contentent;
Le bonheur le fuit
A mesure qu'il le poursuit.

3. Que doivent devenir,
Ponr l'homme qui doit mourir,
Ces biens longtemps amassés,
Cet argent, cet or entassés?
Fût-il du genre humain
Seul le maître,
Pour lui tout enfin
Cesse d'être;
Au jour de son deuil,
Il n'a plus à lui qu'un cercueil.

4. J'ai vu l'impie heureux
Porter son air fastueux
Et son front audacieux
Au-dessus du cèdre orgueilleux.
Au loin tout révérait
Sa puissance,
Et tout adorait
Sa présence;
Je passe, et soudain
Il n'est plus, je le cherche en vain.

5.   Que sont-ils devenus,
   Ces grands, ces guerriers connus,
   Ces hommes dont les exploits
   Ont soumis la terre à leurs lois ?
   Les traits éblouissants
   De leur gloire,
   Leurs noms florissants,
   Leur mémoire,
   Avec les héros,
Sont entrés au sein des tombeaux.

6.   Oh ! combien malheureux
   Est l'homme présompteux
   Qui, dans ce monde trompeur,
   Croit pouvoir trouver le bonheur !
   Dieu seul est immortel,
   Immuable,
   Seul grand, éternel,
   Seul aimable ;
   Avec son secours,
Soyons à lui pour toujours.

Le soldat chrétien.

Jeune soldat, parti de ta chaumière,
Pour te ranger sous un noble drapeau !
Ah, garde-toi d'oublier la prière
Que l'on t'apprit au foyer du hameau ;
C'est là toujours qu'on trouve du courage
Pour aborder les chances du combat ;
Qui sait prier, sait affronter l'orage : } *bis.*
Un bon chrétien fut toujours bon soldat. }

Rapelle-toi les conseils de ta mère,
Lorsqu'en pleurant elle te dit adieu !...
En ce moment sa douleur fut amère ;
Mais tu promis d'être fidèle à Dieu !
Ce doux espoir fut pour elle un présage
Qui lui voila les dangers du combat.
Qui sait prier sait affronter l'orage : } *bis.*
Un bon chrétien fut toujours bon soldat. }

Porte toujours la médaille bénie,
Qu'en te quittant elle mit sur ton cœur ;
Ce souvenir de la Vierge Marie,
En tout pays te portera bonheur !
Plus d'un guerrier, fidèle à cet usage,
Ne fut jamais frappé dans le combat.
Qui sait prier sait affronter l'orage : } *bis.*
Un bon chrétien est toujours bon soldat. }

Que de héros dont la France s'honore,
Et qui du ciel imploraient le secours !
Bayard, Turenne, et bien d'autres encore,
Au Roi des cieux s'adressaient tous les jours.
Nul vieux guerrier, faisant le grand voyage,
Ne veut partir sans son certificat...
Qui sait prier, sait affronter l'orage : } *bis.*
Un bon chrétien fut toujours bon soldat. }

Brave guerrier, défenseur de la France,
Rappelle-toi que la croix du Sauveur
Est pour tout homme un gage d'espérance,
Et c'est de là que vient la croix d'honneur ;
Que cette croix t'accompagne au village,
Après ton temps de service à l'Etat.
Qui sait prier, sait affronter l'orage : } *bis.*
Un bon chrétien est toujours bon soldat. }

Et quand de Dieu la trompette puissante,
Auprès de toi sonnera le rappel,
Que cette croix, sur ta bouche expirante,
Te serve encore à répondre à l'appel.
Que sur ta tombe elle soit le présage
Que l'Eternel a visé ton mandat...
Qui sait prier ne craint pas le passage : } *bis.*
Un bon chrétien fut toujours bon soldat. }

Sentiments chrétiens.

1.   Grand Dieu ! vous me remplissez l'âme
De foi, d'espérance et d'amour ;
Mon cœur sur des ailes de flamme
S'élève au céleste séjour.
Je vois la grande récompense
Réservée au vaillant, au fort ;
Je vois, plein d'une joie immense,
La vie aux confins de la mort.   (*bis.*)

Refrain.   Et nous aussi, volons à la victoire.
  Combattons pour le ciel et l'éternelle gloire.

     La terre est un lieu de combats ; } *bis.*
Soyons pour Dieu d'intrépides soldats. }

2.   Je vois ces plaines enflammées
Par les feux du divin soleil ;
Je vois le grand Dieu des armées
Dans son magnifique appareil !...
Il passe sa grande revue ;
Devant lui défilent les siens...
Qu'elle est belle la troupe élue !
Qu'ils sont beaux ces héros chrétiens ! (*bis.*)

3. Je veux être, quoi qu'il m'en coûte,
Du nombre des victorieux.
Jésus-Christ me montre la route :
En avant marche ! allons aux cieux.
A l'enfer bonne et rude guerre,
Pour la vertu vaincre ou mourir ;
Et si l'arbre meurt sur la terre,
Au ciel il ira refleurir.   (*bis.*)

4. Avec Dieu j'ai fait alliance,
Avec lui j'ai signé ma paix,
La paix avec ma conscience,
Mais avec le vice jamais.
Tourner le dos dans la bataille,
Loin de Moi cette lâcheté !
Combien sont mort sous la mitraille
Pour bien moins que l'éternité !   (*bis.*)

5. Loin de moi le hideux blasphème !...
Maudit sois-tu, monstre odieux ;
Et béni soit tout ce que j'aime,
Béni soit le nom de mon Dieu !
Loin de moi toute impure flamme,
Loin de moi tout langage impur ;
Chasteté, règne dans mon âme,
Toi, belle comme un ciel d'azur.   (*bis.*)

6. Jésus-Christ a vaincu le monde
Et je rougirais de sa croix !
Rougissons d'un propos immonde,
Mais non pas de dire : Je crois.
Qui ? moi ? devant un mot frivole
Je tremblerais ?... non, certes, non.
D'une méprisable parole
Pas plus de peur que du canon.   (*bis.*)

7. Marchant sur les pas héroïques
De tant de braves d'autrefois,
Joignons dans nos cœurs catholiques
Les mœurs, le courage et la foi ;
Et, dignes fils de tels ancêtres,
Montrons à l'enfer abattu
Que nous n'avons pas d'autres maîtres
Que Dieu, l'honneur et la vertu.   (*bis.*)

Triomphes de l'Eglise.

Pourquoi ces vains complots, ô peuples de la terre?
    Pourquoi tant d'armements divers?
Vous vous réunissez pour déclarer la guerre
    A l'arbitre de l'univers.

Tremblez, ennemis de sa gloire ;
Tremblez, audacieux mortels :
Il tient en ses mains la victoire ;
Tombez au pied de ses autels.

Refrain.   La Religion nous appelle,
Parmi nous faisons-la fleurir :
Un chrétien doit vivre pour elle,   } (*bis.*)
Pour elle un chrétien doit mourir.

2. Depuis quatre mille ans, plongé dans les ténèbres,
Assis à l'ombre de la mort,
L'univers, gémissant sous ces voiles funèbres,
Soupirait pour un meilleur sort.
Jésus paraît : à sa lumière
La nuit disparaît sans retour,
Comme on voit une ombre légère
S'enfuir devant l'astre du jour.

3. Pour soumettre à ses lois tous les peuples du monde
Il ne veut que douze pêcheurs ;
Et pour éterniser le royaume qu'il fonde,
Il en fait ses ambassadeurs.
Nouveaux guerriers, prenez la foudre,
Allez conquérir l'univers ;
Frappez, brisez, mettez en poudre
L'idole d'un monde pervers.

4. Déjà de ces hérauts, du couchant à l'aurore,
La voix plus prompte que l'éclair
A foudroyé ces dieux que l'univers honore
D'un culte enfanté par l'enfer.
Ouvrant les yeux à la lumière,
Rome détrompe les mortels
Et foule aux pieds, dans la poussière,
Ses dieux, ses temples, ses autels.

5. En vain, ô fiers tyrans ! votre main meurtrière
Fait couler leur sang à grands flots ;
Ce sang devient fécond : de leur noble poussière
S'élève un essaim de héros ;
Et, courbant eux-mêmes leurs têtes,
Seigneur, sous le joug de tes lois,
Après trois siècles de tempêtes,
Les princes arborent la croix.

6. O reine des cités, toi dont la destinée
Est de régner sur l'univers !
De ce joug si nouveau si tu fus étonnée,
Tu t'enorgueillis de tes fers ;
La Religion, triomphante
Sur le trône de tes Césars,
Veut que les peuples qu'elle enfante
Combattent sous tes étendards.

7 Que vois-je ! O Dieu ! partout le schisme et l'hérésie
   Déchirent son sein maternel.
  Laisseras-tu périr, sous les coups de l'impie,
   L'objet de ton soin paternel ?
   Non : toujours battu de l'orage,
   Ce vaisseau vogue en sûreté ;
   Jamais il ne fera naufrage :
   Tu l'as dit, Dieu de vérité.

8. Sainte Religion, l'amour et les délices
   De nos pères, de nos aïeux,
  Puissent toujours marcher sous tes divins auspices
   Et leurs enfants et leurs neveux !
   Si jamais, de leur cœur bannie,
   Tu t'exilais loin des Français,
   Que ma trop ingrate patrie
   Se souvienne de tes bienfaits.

Le saint nom de Jésus.

1.
     Vive Jésus !
  C'est le cri de mon âme ;
 Vive Jésus ! c'est le Dieu des vertus.
  Aimable nom, quand ma voix te réclame,
D'un nouveau feu pour toi mon cœur s'enflamme.
     Vive Jésus !   (*bis.*)

2.
     Vive Jésus !
  C'est le cri qui rallie.
Sous ses drapeaux le peuple des élus.
Suivre Jésus ! c'est aussi mon envie ;
Suivre Jésus ! c'est mon bien, c'est ma vie.
     Vive Jésus !   (*bis.*)

3.
     Vive Jésus !
  C'est un cri d'espérance
Pour les pécheurs repentants et confus ;
Sur eux du ciel attirant la clémence,
Ce nom sacré soutient leur pénitence.
     Vive Jésus !   (*bis.*)

4.
     Vive Jésus !
  A ce cri de vaillance,
Je verrai fuir les démons éperdus.
Un mot suffit pour dompter leur puissance,
Pour terrasser leur superbe insolence.
     Vive Jésus !   (*bis*).

5.
     Vive Jésus !
  Cri de reconnaissance
D'un cœur touché des biens qu'il a reçus.
L'enfer veut-il troubler sa confiance ?
Il dit encore avec plus d'assurance
     Vive Jésus !   (*bis.*)

6.
                    Vive Jésus !
        C'est mon cri d'allegresse,
    O Dieu caché sous un pain qui n'est plus !
    Quand, aux douceurs d'une céleste ivresse,
    Je reconnais l'objet de ma tendresse :
                    Vive Jésus !   *bis.*

7.   Vive Jésus !
        C'est le cri de victoire
    Des bienheureux que le ciel a reçus ;
    De leurs combats consacrant la mémoire,
    Ce nom puissant éternise leur gloire :
                    Vive Jésus !   *bis.*

8.   Vive Jésus !
        Vive sa tendre Mère !
    Elle est aussi la Mère des élus.
    Si nous l'aimons, si nous voulons lui plaire,
    Chantons Jésus, notre Dieu, notre frère :

9.   Vive Jésus !   *bis.*

                    Vive Jésus !
    Qu'en tous lieux la victoire
    Mette à ses pieds les méchants confondus !
    O nom sacré ! nom cher à ma mémoire !
    Puissé-je vivre et mourir pour ta gloire !
                    Vive Jésus !   *bis.*

Pour la Bénédiction.

Tantum ergò sacramentum
Veneremur cernui :
Et antiquum documentum
Novo cedat ritui ;
Præstet fides supplementum
Sensuum defectui.

Genitori Genitoque
Laus et jubilatio,
Salus, honor, virtus quoque
Sit et benedictio :
Procedenti ab utroque
Compar sit laudatio. Amen.

Strophes pour la Bénédiction.

Refrain. O Roi des cieux !
        Vous nous rendez tous heureux ;
        Vous comblez tous nos vœux,
        En résidant pour nous dans ces lieux !

        Prodige d'amour !
        Dans ce séjour,
    Vous vous immolez pour nous chaque jour,
            A l'homme mortel
    Vous offrez un aliment éternel. O Roi !...

Seigneur , vos enfants,
Reconnaissants
Vous ont offert et leurs cœurs et leurs chants
A vous sans retour
Ils ont juré de vouer leur amour. O Roi !...

O salutaris Hostia,
Quæ cœli pandis ostium !
Bella premunt hostilia,
Da robur, fer auxilium.

Adoro te supplex, latens Deitas !
Quæ sub his figuris verè latitas :
Tibi se cor meum totum subjicit,
Quia te contemplans totum deficit.

Laudate Dominum ómnes gentes, ★ laudate eum omnes populi. Quoniam confirmata est super nos misericordia ejus, ★ et veritas Dómini manet in æternum. Gloria.

Cantique de la Sainte-Vierge.

MAGNIFICAT ★ anima mea Dominum.

Et exultavit spiritus meus ★ in Deo salutari meo;

Quia respexit humilitatem ancillæ suæ : ★ ecce enim ex hoc beatam me dicent omnes generationes.

Quia fecit mihi magna qui potens est;★ et sanctum nomen ejus.

Et misericordia ejus à progenie in progenies ★ timentibus eum.

Fecit potentiam in brachio suo : ★ dispersit superbos mente cordis sui.

Deposuit potentes de sede,★ et exaltavit humiles.

Esurientes implevit bonis, ★ et divites dimisit inanes.

Suscepit Israël puerum suum,★ recordatus misericordiæ suæ.

Sicut locutus est ad patres nostros, ★ Abraham et semini ejus in secula. Gloria.

Salve, Regina, Mater misericordiæ, vita, dulcedo, et spes nostra, salve. Ad te clamamus, exules filii Evæ; ad te suspiramus, gementes et flentes in hac lacrymarum valle. Eia ergo, advocata nostra, illos tuos misericordes oculos ad nos converte, et Jesum benedictum, fructum ventris tui, nobis post hoc exilium ostende, o clemens, o pia, o dulcis Virgo Maria !

℣. Ora pro nobis, sancta Dei Genitrix.
℟. Ut digni efficiamur promissionibus Christi.

Lyon. — Impr. de J. NIGON, rue de la Poulaillerie, 2.